Impressum
Verlag: BABADADA GmbH, Nedderfeld 112 , 22529 Hamburg
Geschäftsführer / Verlagsleitung: Harald Hof
Druck: Books on Demand GmbH, In de Tarpen 42, 22848 Norderstedt

Imprint
Publisher: BABADADA GmbH, Nedderfeld 112 , 22529 Hamburg, Germany
Managing Director / Publishing direction: Harald Hof
Print: Books on Demand GmbH, In de Tarpen 42, 22848 Norderstedt

l'école
學校

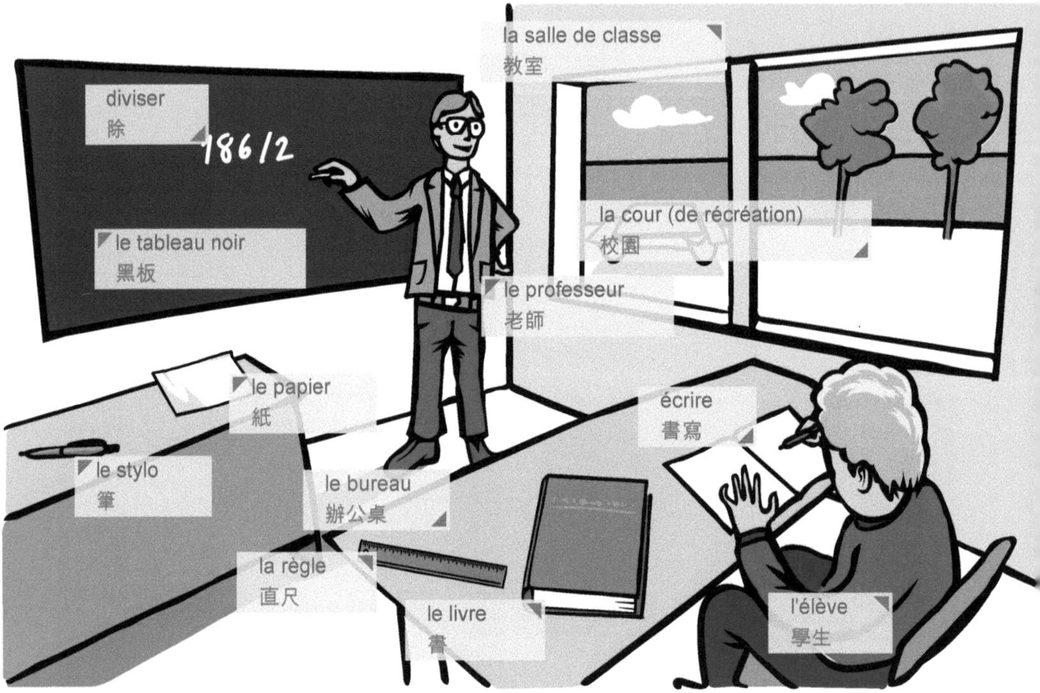
la salle de classe
教室
diviser
除
186/2
le tableau noir
黑板
la cour (de récréation)
校園
le professeur
老師
le papier
紙
écrire
書寫
le stylo
筆
le bureau
辦公桌
la règle
直尺
le livre
書
l'élève
學生

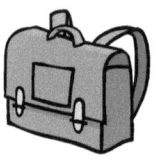

le cartable
書包

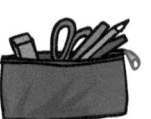

la trousse
鉛筆盒

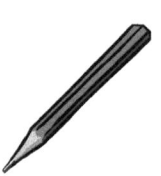

le crayon
鉛筆

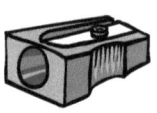

le taille-crayon
削鉛筆機

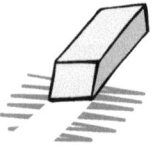

la gomme
橡皮擦

le carnet à dessin
畫板

le dessin

圖畫

le pinceau

畫筆

la boîte de peinture

顏料盒

les ciseaux

剪刀

la colle

膠水

le cahier d'exercices

練習冊

les devoirs

家庭作業

le chiffre

數字

additionner

加

soustraire

減

multiplier

乘

calculer

計算

la lettre

字母

l'alphabet

字母表

le mot

字

le texte

課文

lire

讀

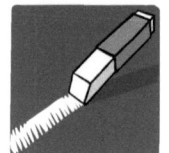

la craie

粉筆

la leçon

上課

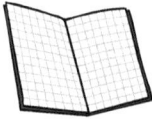

le livre de classe

登記

l'examen

考試

le certificat

證書

l'uniforme scolaire

校服

la formation

教育

le lexique

百科全書

l'université

大學

le microscope

顯微鏡

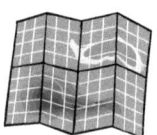

la carte

地圖

la corbeille à papier

廢紙簍

le voyage
旅行

l'hôtel
飯店
Grand
l'auberge
青年旅社
ROOMS
CHANGE
le bureau de change
外幣兌換處
la valise
手提箱
la voiture
汽車

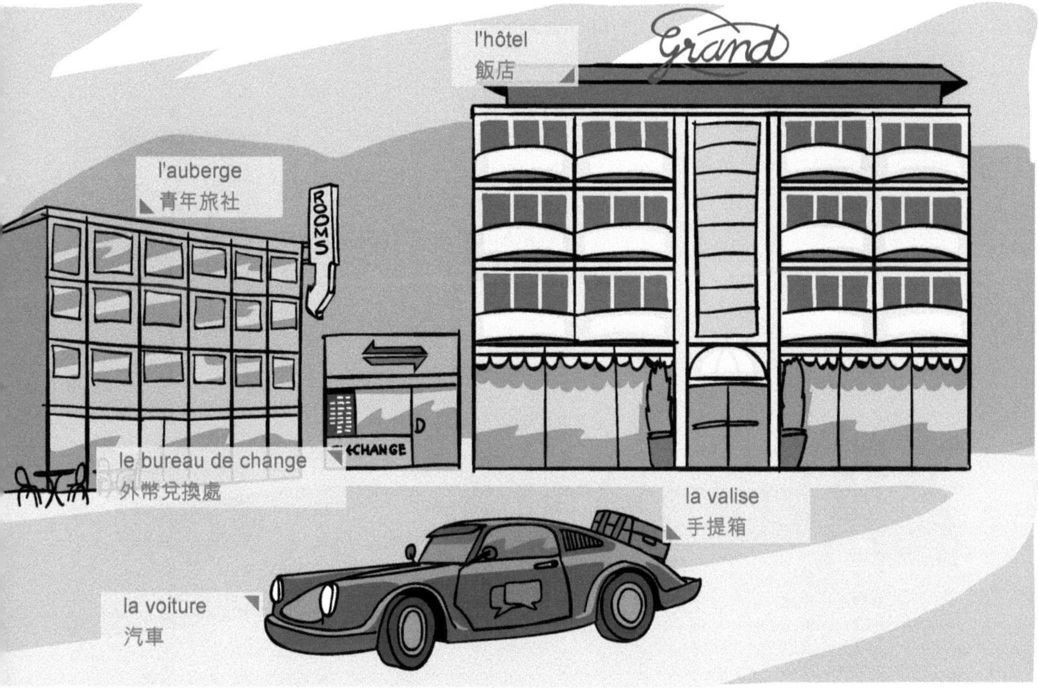

la langue

語言

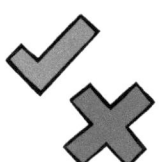

oui / non

是/否

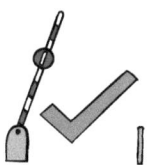

d'accord

好的

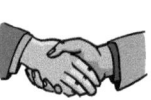

Salut

您好

l'interprète

翻譯人員

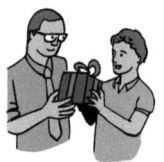

merci

謝謝

Combien coûte...?

......多少錢？

Je ne comprends pas

我不明白

le problème

問題

Bonsoir !

晚上好！

Bonjour !

早上好！

Bonne nuit !

晚安！

Au revoir

再見

la direction

方向

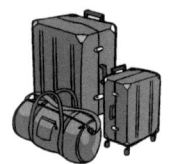

les bagages

行李

le sac

包

le sac-à-dos

背包

l'hôte

客人

la pièce

房間

le sac de couchage

睡袋

la tente

帳篷

l'office de tourisme

旅行資訊

la plage

海灘

la carte de crédit

信用卡

le petit-déjeuner

早餐

le déjeuner

午餐

le dîner

晚餐

le billet

票

l'ascenseur

電梯

le timbre

郵票

la frontière

邊界

la douane

海關

l'ambassade

大使館

le visa

簽證

le passeport

護照

le transport
交通運送

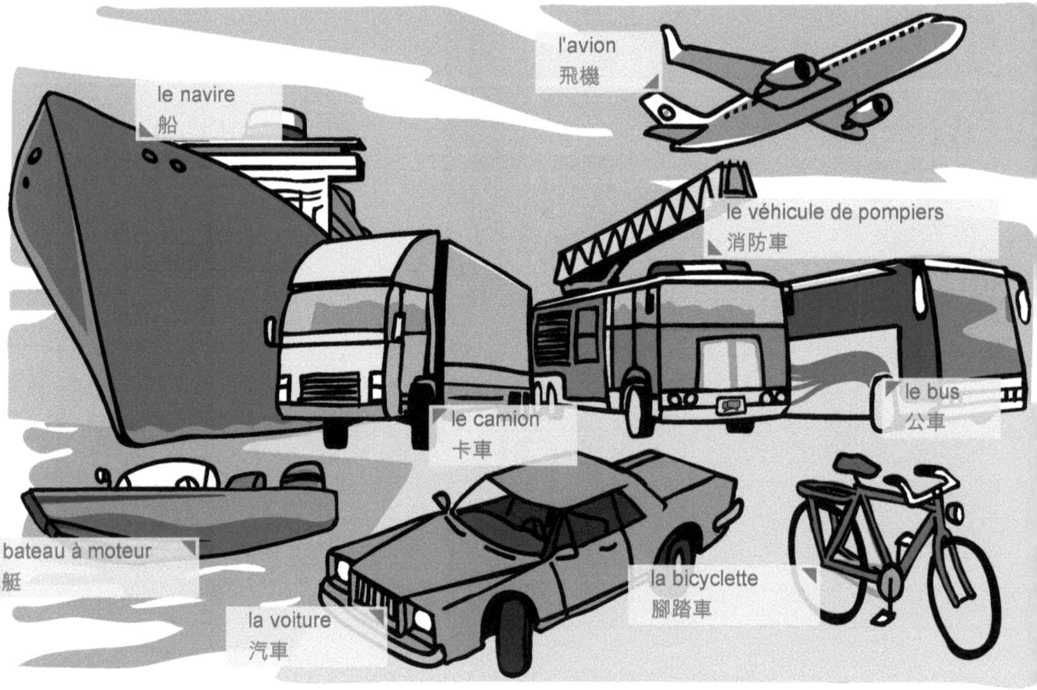
l'avion
飛機
le navire
船
le véhicule de pompiers
消防車
le bus
公車
le camion
卡車
bateau à moteur
艇
la bicyclette
腳踏車
la voiture
汽車

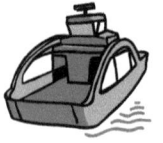

le ferry
渡輪

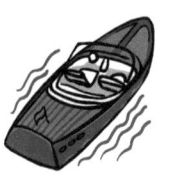

la barque
小船

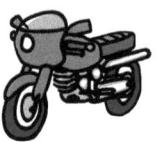

la moto
機車

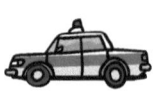

la voiture de police
警車

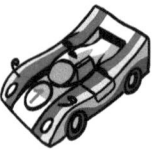

la voiture de course
賽車

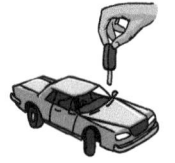

la voiture de location
租車

l'auto-partage

拼車

la voiture de remorquage

拖車

la benne à ordures

垃圾車

le moteur

馬達

l'essence

汽油

la station d'essence

加油站

le panneau indicateur

交通標識

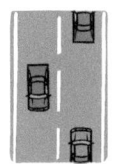

le trafic

交通

l'embouteillage

交通堵塞

le parking

停車場

la gare

火車站

les rails

軌道

le train

火車

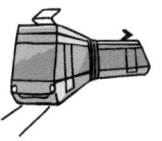

le tramway

路面電車

le wagon

客車廂

l'hélicoptère

直升機

l'aéroport

機場

la tour

塔

le passager

乘客

le conteneur

集裝箱

le carton

紙板箱

le chariot

手推車

la corbeille

籃子

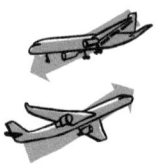

décoller / atterrir

起飛/降落

la ville

城市

le village

村莊

le centre-ville

市中心

la maison

房子

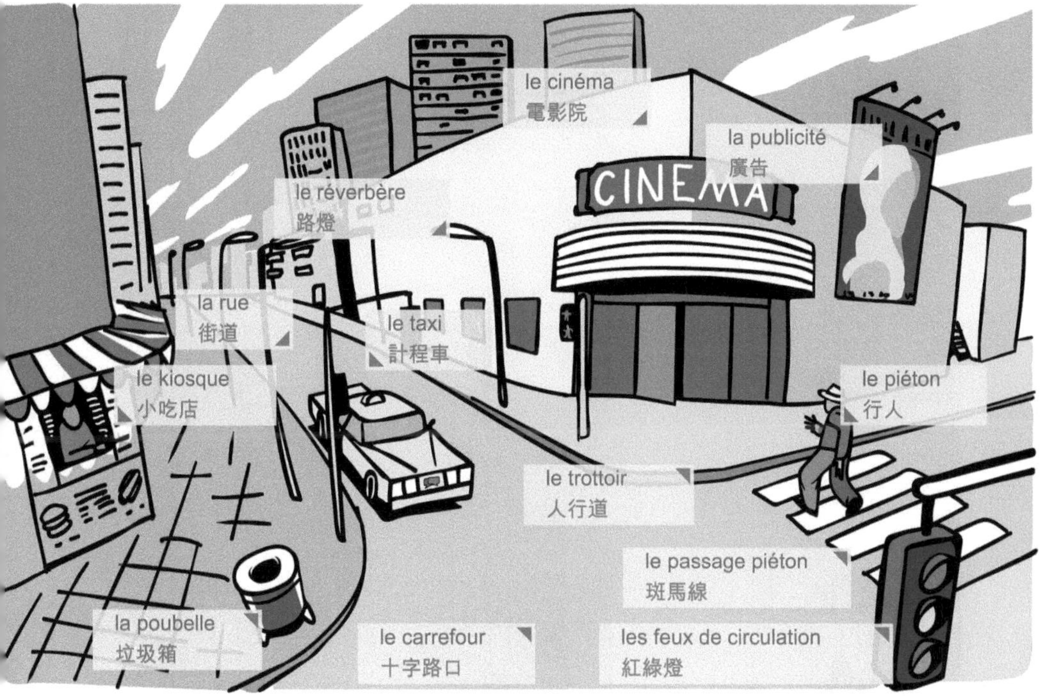

le cinéma
電影院
la publicité
廣告
CINEMA
le réverbère
路燈
la rue
街道
le taxi
計程車
le kiosque
小吃店
le piéton
行人
le trottoir
人行道
le passage piéton
斑馬線
la poubelle
垃圾箱
le carrefour
十字路口
les feux de circulation
紅綠燈

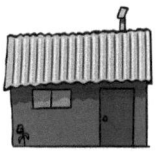

la cabane

小屋

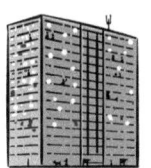

l'appartement

公寓

la gare

火車站

la mairie

市政廳

MUSEUM

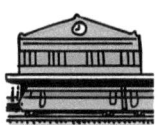

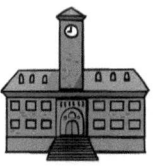

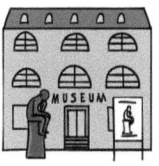

le musée

博物館

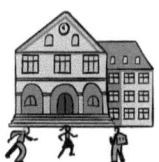

l'école

學校

l'université

大學

la banque

銀行

l'hôpital

醫院

l'hôtel

飯店

la pharmacie

藥房

le bureau

辦公室

la librairie

書店

le magasin

商店

le fleuriste

花店

le supermarché

超市

le marché

市場

le grand magasin

百貨商店

la poissonnerie

魚店

le centre commercial

購物中心

le port

海港

le parc

公園

la banque

長凳

le pont

橋

les escaliers

樓梯

le métro

捷運

le tunnel

隧道

l'arrêt de bus

公車站

le bar

酒吧

le restaurant

餐館

la boîte à lettres

郵筒

le panneau indicateur

路標

le parcmètre

停車計時器

le zoo

動物園

le réverbère

游泳池

la mosquée

清真寺

la ferme

農場

la pollution

污染

la cimetière

墓地

l'église

教堂

l'aire de jeux

操場

le temple

寺廟

le paysage

地形

la feuille
樹葉

le panneau indicateur
指示牌

le chemin
路

le pré
草地

la pierre
石頭

l'arbre
樹

le randonneur
徒步旅行者

la rivière
河

l'herbe
草

la fleur
花

la vallée

峽谷

la montagne

丘陵

le lac

湖

la forêt

森林

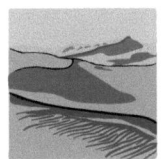

le désert

沙漠

le volcan

火山

le château

城堡

l'arc-en-ciel

彩虹

le champignon

蘑菇

le palmier

棕櫚樹

le moustique

蚊子

la mouche

蒼蠅

les fourmis

螞蟻

l'abeille

蜜蜂

l'araignée

蜘蛛

le coléoptère

甲蟲

la grenouille

青蛙

l'écureuil

松鼠

le hérisson

刺蝟

le lièvre

野兔

la chouette

貓頭鷹

l'oiseau

鳥

le cygne

天鵝

le sanglier

野豬

le cerf

鹿

l'élan

麋鹿

le barrage

水壩

l'éolienne

風力發電機

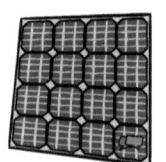

le panneau solaire

太陽能電池板

le climat

氣候

le restaurant

餐館

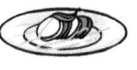

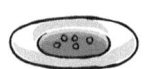

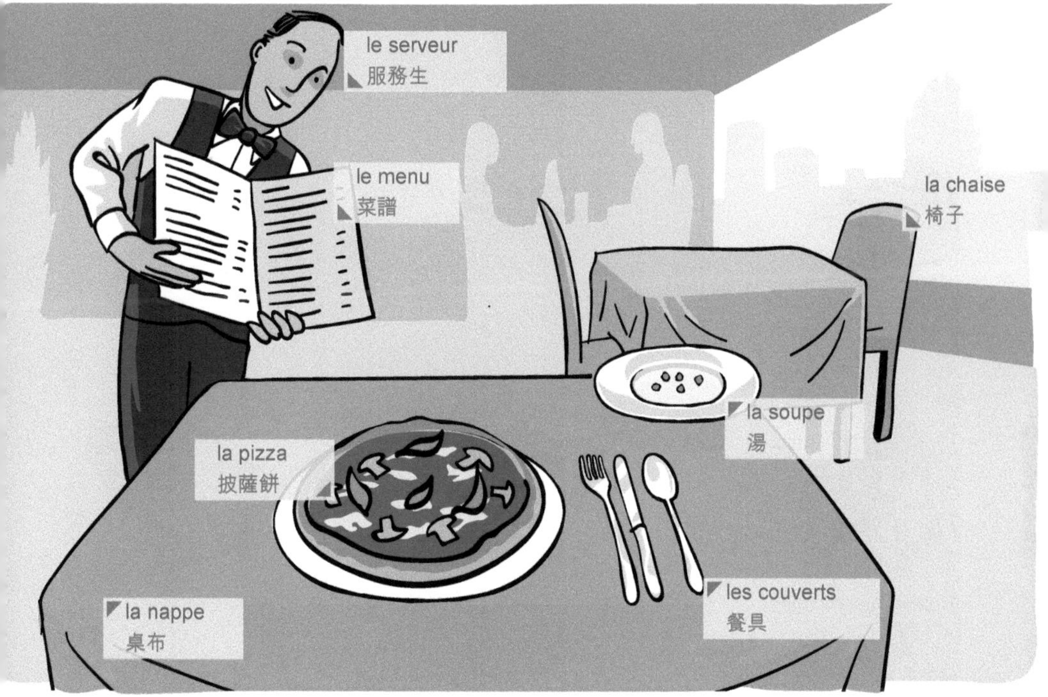
le serveur
服務生
le menu
菜譜
la chaise
椅子
la soupe
湯
la pizza
披薩餅
la nappe
桌布
les couverts
餐具

les hors d'œuvre

前菜

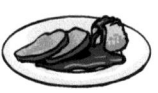

le plat principal

主菜

le dessert

甜點

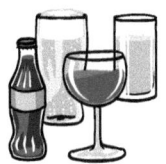

les boissons

飲料

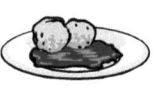

l'alimentation

食物

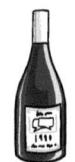

la bouteille

瓶子

le fast-food

速食

les plats à emporter

街邊小吃

la théière

茶壺

le sucrier

糖盒

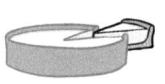

la portion

一份飯菜

la machine à expresso

義式咖啡機

la chaise haute

高腳椅

la facture

帳單

le plateau

托盤

le couteau

刀

la fourchette

餐叉

la cuillère

勺子

la cuillère à thé

茶匙

la serviette

餐巾

le verre

玻璃杯

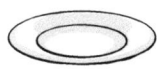

l'assiette

碟子

l'assiette à soupe

湯盤

la soucoupe

碟子

la sauce

醬

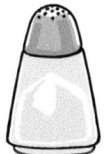

la salière

鹽瓶

le moulin à poivre

胡椒研磨罐

le vinaigre

醋

l'huile

食用油

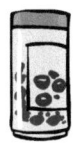

les épices

調味料

le ketchup

番茄醬

la moutarde

芥末

la mayonnaise

美乃滋

le supermarché
超市

l'offre promotionnelle
特價
FOR
le client
顧客
les produits laitiers
乳製品
les fruits
水果
le chariot
購物車

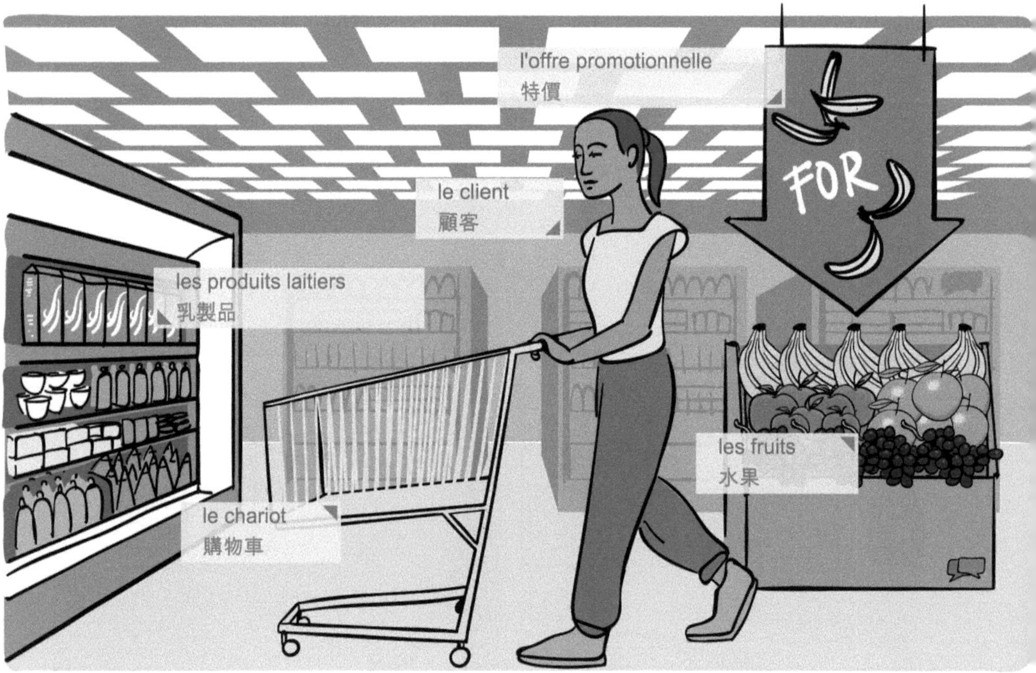

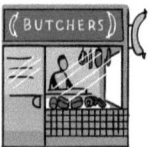

BUTCHERS

la boucherie

肉鋪

BAKERY

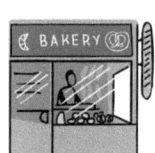

la boulangerie

麵包店

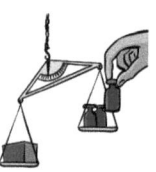

peser

稱重

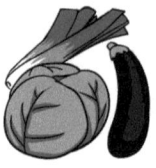

les légumes

蔬菜

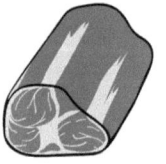

la viande

肉

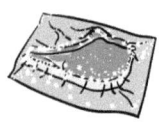

les aliments surgelés

冷凍食品

la charcuterie

冷盤

les conserves

罐頭食品

la poudre à lessive

洗衣粉

les bonbons

甜食

les articles ménagers

日用品

les détergents

清潔用品

la vendeuse

銷售員

la caisse

收銀機

le caissier

收銀員

la liste d'achats

購物清單

les heures d'ouverture

開放時間

le portefeuille

錢包

la carte de crédit

信用卡

le sac

袋子

le sac en plastique

塑膠袋

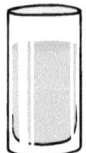

l'eau

水

le jus de fruit

果汁

le lait

牛奶

le coca

可樂

le vin

紅酒

la bière

啤酒

l'alcool

酒

le chocolat chaud

可可

le thé

茶

le café

咖啡

l'expresso

義式濃縮咖啡

le cappuccino

卡布奇諾

la banane

香蕉

la pomme

蘋果

l'orange

柳丁

le melon

西瓜

le citron.

檸檬

la carotte

胡蘿蔔

l'ail

大蒜

le bambou

竹子

l'oignon

洋蔥

le champignon

蘑菇

les noisettes

堅果

les pâtes

麵條

les spaghetti

義大利麵

le riz

米飯

la salade

沙拉

les pommes frites

薯條

les pommes de terre rôties

炸馬鈴薯

la pizza

披薩餅

le hamburger

漢堡

le sandwich

三明治

l'escalope

炸豬排

le jambon

火腿

le salami

義大利臘腸

la saucisse

香腸

le poulet

雞肉

le rôti

烤肉

le poisson

魚

les flocons d'avoine

燕麥片

le muesli

木斯里

les cornflakes

玉米片

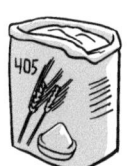

la farine

麵粉

le croissant

牛角麵包

les petits-pains

麵包捲

le pain

麵包

le pain grillé

吐司

les biscuits

餅乾

le beurre

奶油

le fromage blanc

凝乳

le gâteau

蛋糕

l'œuf

蛋

l'œuf au plat

煎蛋

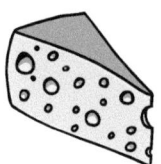

le fromage

起司

la glace

冰淇淋

le sucre

糖

le miel

蜂蜜

la confiture

果醬

la crème nougat

巧克力醬

le curry

咖哩

la ferme
農場

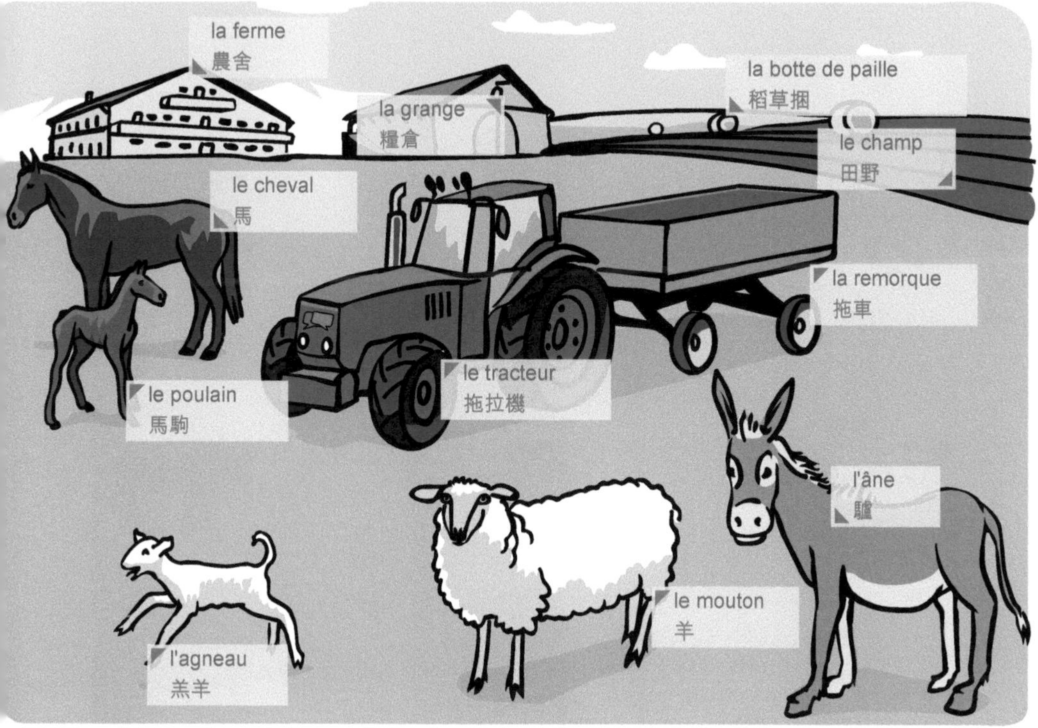

la ferme
農舍
la grange
糧倉
la botte de paille
稻草捆
le champ
田野
le cheval
馬
la remorque
拖車
le tracteur
拖拉機
le poulain
馬駒
l'âne
驢
le mouton
羊
l'agneau
羔羊

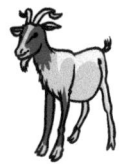

la chèvre
山羊

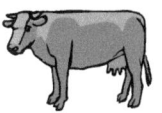

la vache
奶牛

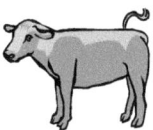

le veau
小牛

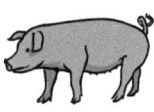

le porc
豬

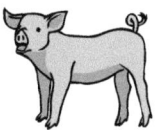

le porcelet
小豬

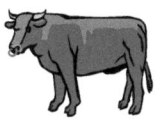

le taureau
公牛

l'oie

鵝

le canard

鴨

le poussin

小雞

la poule

母雞

le coq

公雞

le rat

鼠

le chat

貓

la souris

老鼠

le bœuf

牛

le chien

狗

le chenil

狗屋

le tuyau de jardin

花園澆水軟管

l'arrosoir

澆水壺

la faucheuse

長柄大鐮刀

la charrue

犁

la faucille

鐮刀

la pioche

鋤頭

la fourche

長柄草耙

la hache

斧頭

la brouette

獨輪手推車

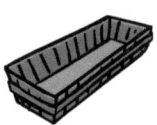

la cuve

飼料槽

le pot à lait

牛奶罐

le sac

麻布袋

la clôture

柵欄

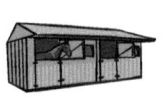

l'étable

馬廄

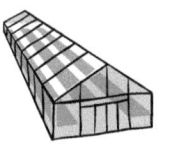

le serre

溫室

le sol

土壤

les semences

種子

l'engrais

肥料

la moissonneuse-batteuse

聯合收割機

récolter

收割

la récolte

收割

l'igname

地瓜

le blé

小麥

le soja

大豆

la pomme de terre

土豆

le maïs

玉米

le colza

油菜籽

l'arbre fruitier

果樹

le manioc

樹薯

les céréales

穀物

la maison
房子

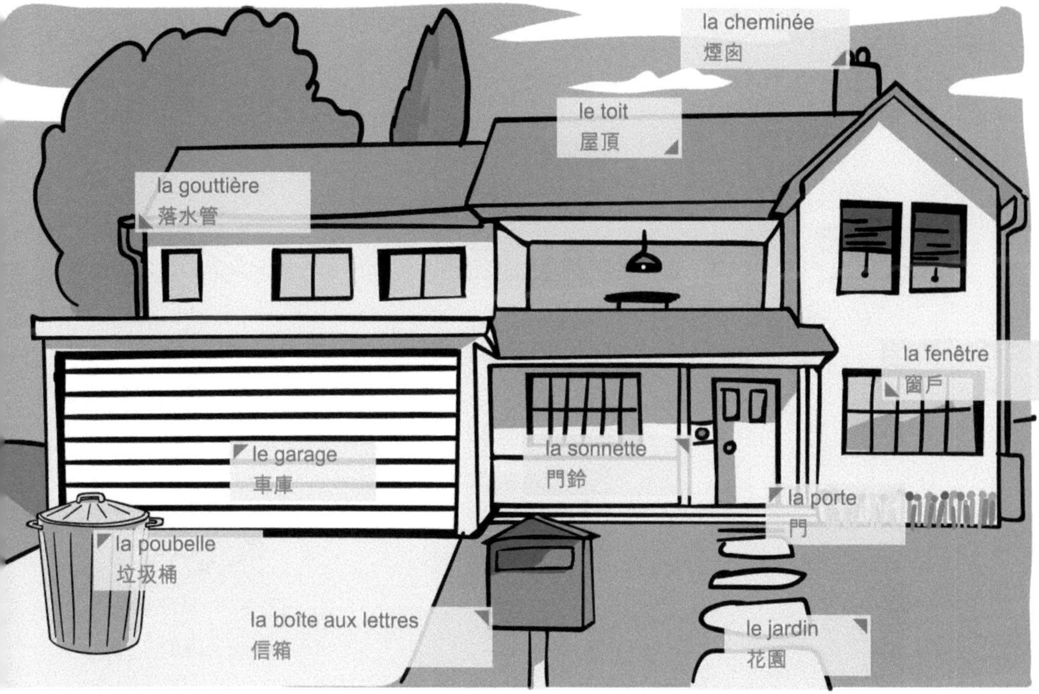
la cheminée
煙囪
le toit
屋頂
la gouttière
落水管
la fenêtre
窗戶
le garage
車庫
la sonnette
門鈴
la porte
門
la poubelle
垃圾桶
la boîte aux lettres
信箱
le jardin
花園

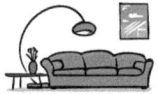

le salon

客廳

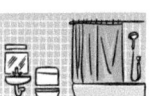

la salle de bain

浴室

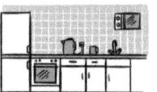

la cuisine

廚房

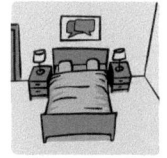

la chambre à coucher

臥室

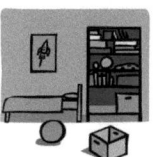

la chambre d'enfant

兒童房

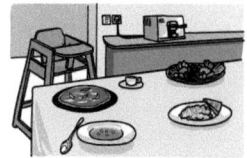

la salle à manger

餐廳

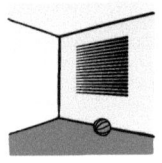

le sol
地板

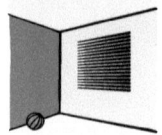

le mur
牆壁

le plafond
天花板

la cave
地窖

le sauna
三溫暖

le balcon
陽臺

la terrasse
露臺

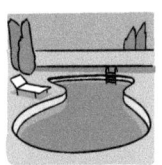

la piscine
游泳池

la tondeuse à gazon
割草機

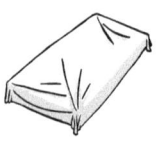

la housse
被單

la couette
床罩

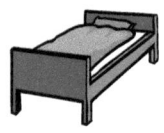

le lit
床

le balai
掃帚

le sceau
水桶

l'interrupteur
開關

le salon
客廳

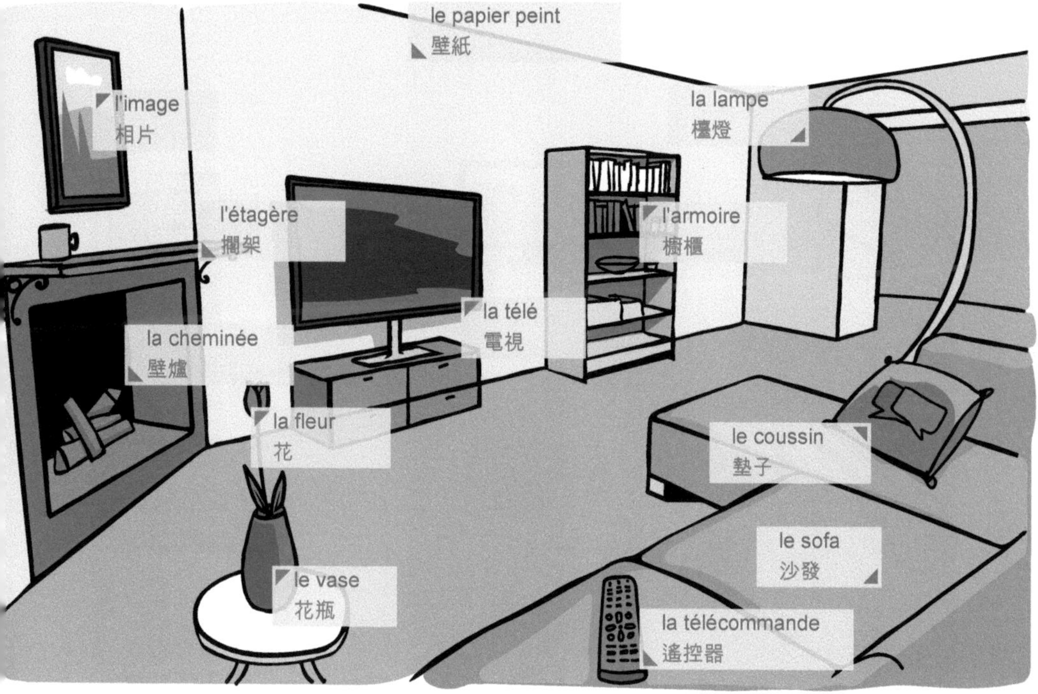
le papier peint
壁紙
l'image
相片
la lampe
檯燈
l'étagère
擱架
l'armoire
櫥櫃
la télé
電視
la cheminée
壁爐
la fleur
花
le coussin
墊子
le sofa
沙發
le vase
花瓶
la télécommande
遙控器

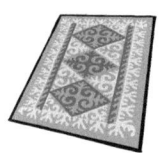

le tapis

地毯

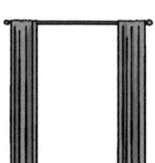

le rideau

窗簾

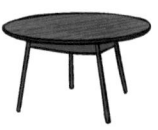

la table

餐桌

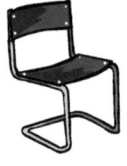

la chaise

椅子

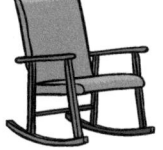

la chaise à bascule

搖椅

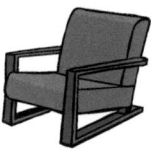

le fauteuil

扶手椅

le livre

書

la couverture

毯子

la décoration

裝飾品

le bois de chauffage

木柴

le film

電影

la chaîne hi-fi

高傳真音響

la clé

鑰匙

le journal

報紙

la peinture

油畫

le poster

海報

la radio

收音機

le bloc-notes

筆記本

l'aspirateur

吸塵器

le cactus

仙人掌

la bougie

蠟燭

la cuisine
廚房

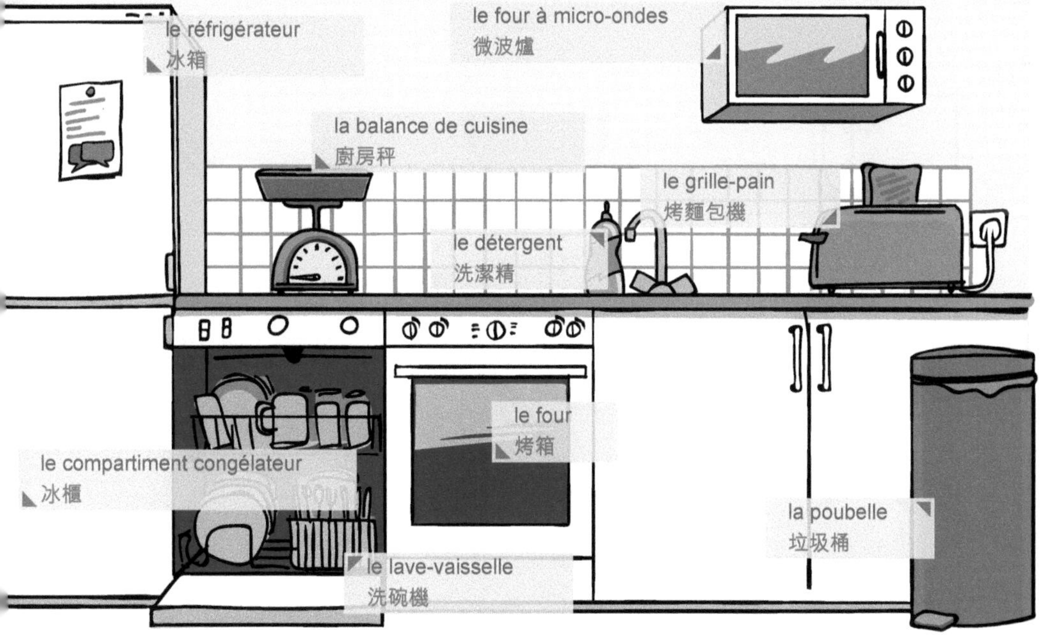

le réfrigérateur
冰箱
le four à micro-ondes
微波爐
la balance de cuisine
廚房秤
le grille-pain
烤麵包機
le détergent
洗潔精
le four
烤箱
le compartiment congélateur
冰櫃
la poubelle
垃圾桶
le lave-vaisselle
洗碗機

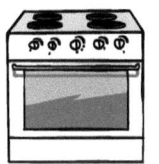

le four

炊具

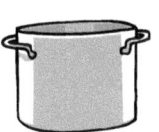

la casserole

鍋

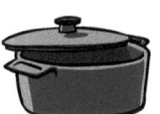

la marmite

鑄鐵鍋

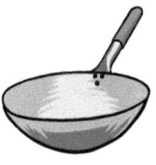

le wok / kadai

炒鍋

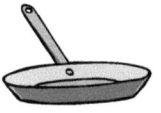

la poêle

平底鍋

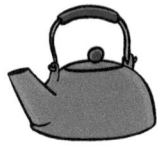

la bouilloire electrique

水壺

le cuiseur vapeur

蒸鍋

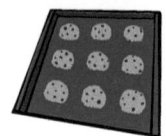

la plaque de cuisson

烤盤

la vaisselle

陶瓷鍋

le gobelet

馬克杯

la coupe

碗

les baguettes

筷子

la louche

長柄勺

la spatule

鏟子

le fouet

攪拌器

la passoire

濾網

le tamis

篩子

la râpe

磨碎機

le mortier

研缽

le barbecue

燒烤

la cheminée

明火

la cuisine - 廚房

la planche à découper

菜板

le rouleau à pâtisserie

擀麵杖

le tire-bouchon

開瓶器

la boîte

罐子

l'ouvre-boîte

開罐器

les maniques

隔熱手套

le lavabo

水槽

la brosse

刷子

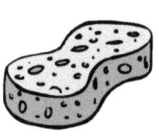

l'éponge

海綿

le mixeur

攪拌機

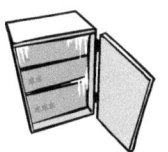

le congélateur

冷藏箱

le biberon

奶瓶

le robinet

水龍頭

la cuisine - 廚房

la salle de bain

浴室

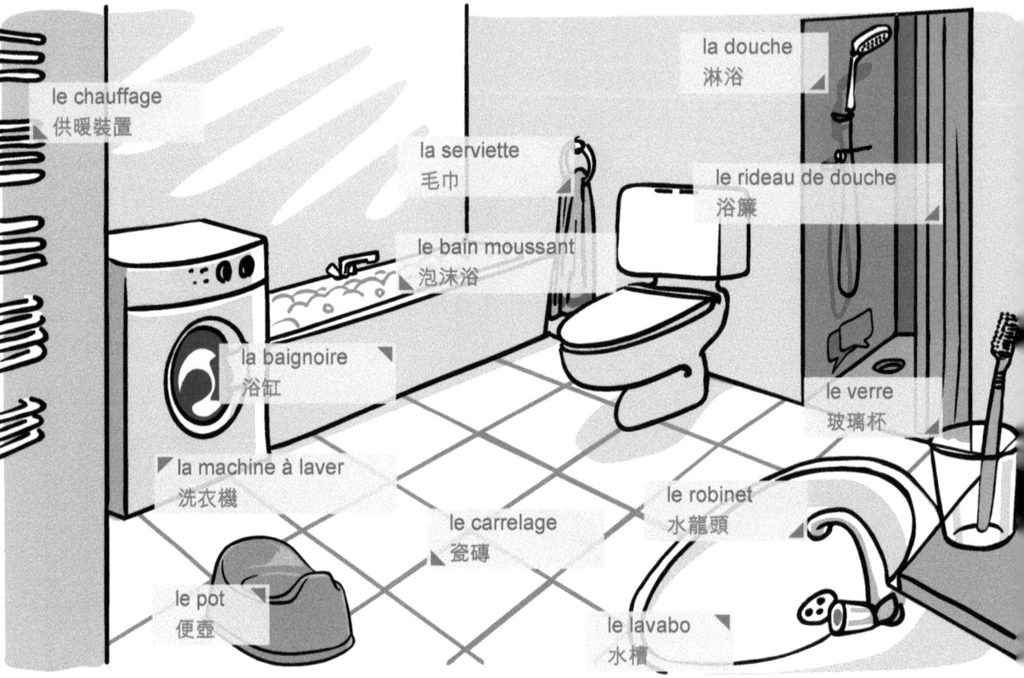

le chauffage
供暖裝置
la serviette
毛巾
la douche
淋浴
le rideau de douche
浴簾
le bain moussant
泡沫浴
la baignoire
浴缸
la machine à laver
洗衣機
le verre
玻璃杯
le robinet
水龍頭
le carrelage
瓷磚
le pot
便壺
le lavabo
水槽

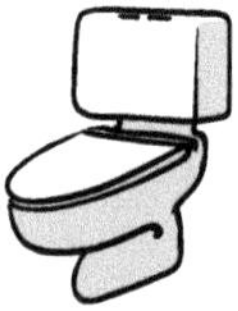

les toilettes

廁所

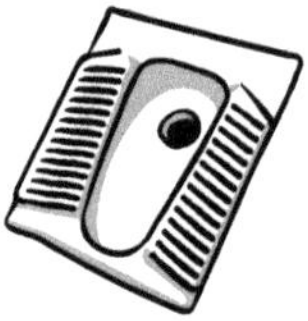

la toilette à la turque

蹲便器

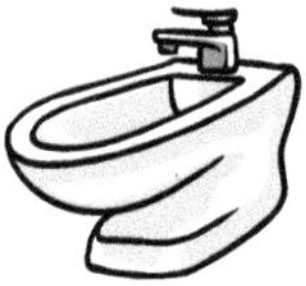

le bidet

坐浴器

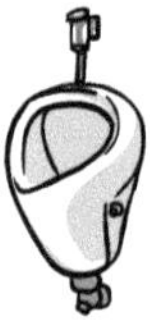

l'urinoir

小便斗

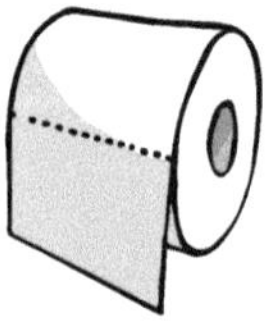

le papier toilette

廁紙

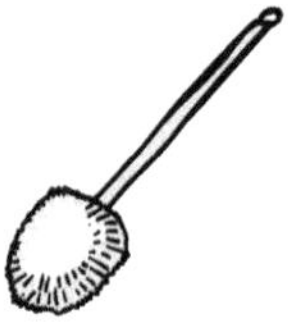

la brosse à toilette

馬桶刷

la brosse à dents

牙刷

le dentifrice

牙膏

le fil dentaire

牙線

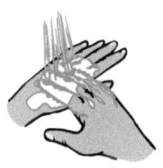

laver

洗

la douche manuelle

手持式蓮蓬頭

la douche intime

沖洗器

la vasque

洗臉盆

la brosse dorsale

洗背刷

le savon

肥皂

le gel douche

沐浴露

le shampooing

洗髮乳

le gant de toilette

法蘭絨

l'écoulement

排水

la crème

乳霜

le déodorant

除臭劑

le miroir

鏡子

le miroir cosmétique

手鏡

le rasoir

刮鬍刀

la mousse à raser

刮鬍泡沫

l'après-rasage

鬍後水

la peigne

梳子

la brosse

刷子

le sèche-cheveux

吹風機

la laque pour cheveux

噴髮定型劑

le fond de teint

化妝品

le rouge à lèvres

唇膏

le vernis à ongles

指甲油

l'ouate

化妝棉

le coupe-ongles

指甲剪

le parfum

香水

la trousse de toilette

洗漱包

le tabouret

凳子

le pèse-personne

計重秤

le peignoir

浴袍

les gants de nettoyage

橡膠手套

le tampon

衛生棉條

les serviettes hygiéniques

衛生棉

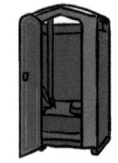

la toilette chimique

化學廁所

la chambre d'enfant

兒童房

le réveil
鬧鐘
le doudou
毛絨玩具
la voiture jouet
玩具車
le hochet
撥浪鼓
la maison de poupée
玩具屋
le cadeau
禮物

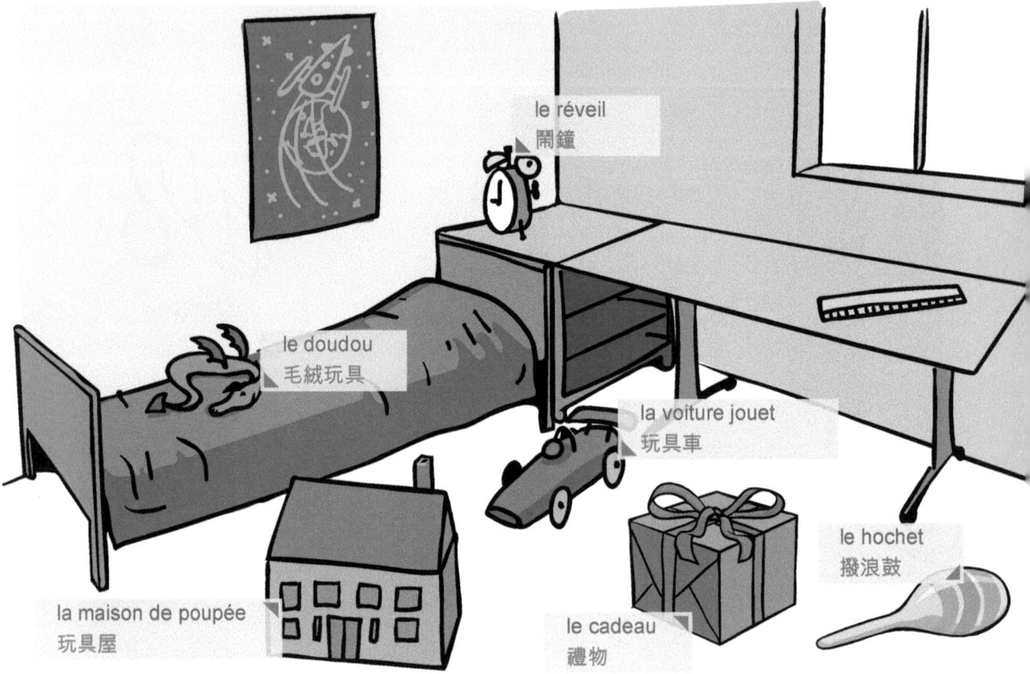

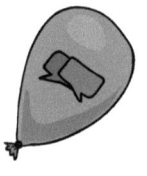

le ballon

氣球

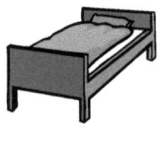

le lit

床

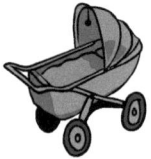

la poussette

嬰兒車

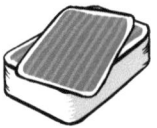

le jeu de cartes

撲克牌

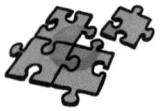

le puzzle

拼圖

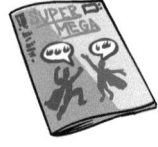

la bande dessinée

漫畫

les pièces lego

樂高積木

les blocs de construction

積木玩具

la figurine

公仔

la grenouillère

嬰兒服

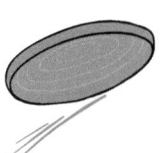

le frisbee

飛盤

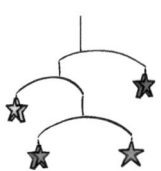

le mobile

床鈴玩具

le jeu de société

棋盤遊戲

le dé

骰子

le train miniature

火車模型

la sucette

安撫奶嘴

la fête

派對

le livre d'images

繪本

la balle

球

la poupée

洋娃娃

jouer

玩

le bac à sable

沙坑

la balançoire

鞦韆

les jouets

玩具

la console de jeu

電玩遊戲

le tricycle

三輪車

l'ours en peluche

泰迪熊

l'armoire

衣櫃

les vêtements

衣服

les chaussettes

襪子

les bas

長襪

le collant

緊身褲

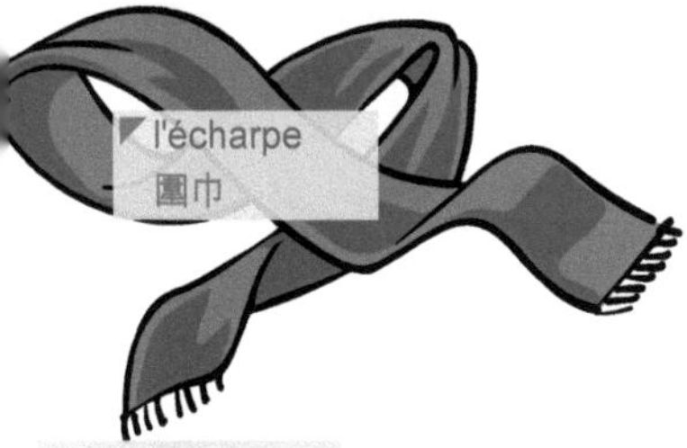

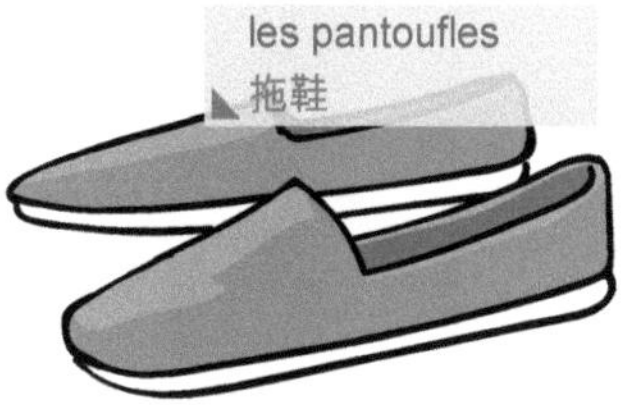

l'écharpe
圍巾

le parapluie
雨傘

le t-shirt
T恤

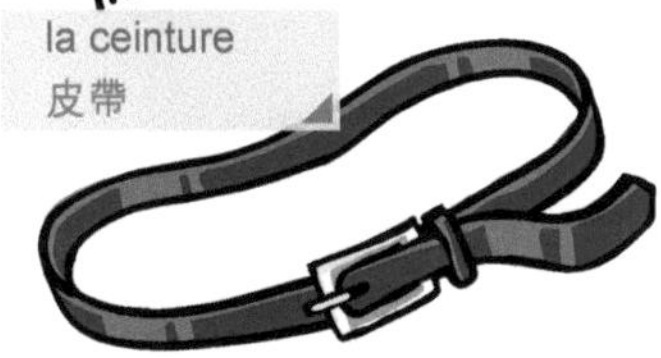

la ceinture
皮帶

les bottes
靴子

les pantoufles
拖鞋

les baskets
運動鞋

les sandales
....
涼鞋

les chaussures
....
鞋

les bottes de caoutchouc
....
雨靴

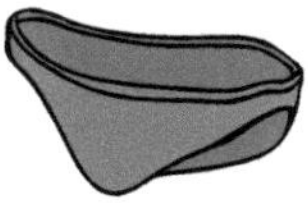

les sous-vêtements
....
內褲

le soutien-gorge
....
胸罩

le maillot de corps
....
背心

les vêtements - 衣服

le body

身體

le pantalon

褲子

le jean

牛仔褲

la jupe

短裙

le chemisier

女式襯衫

la chemise

襯衫

le pull

套頭衫

le sweat à capuche

連帽上衣

la veste

西裝夾克

la veste

夾克

le manteau

外套

l'imperméable

雨衣

le costume

套裝

la robe

連衣裙

la robe de mariée

婚紗

le costume

西裝

la chemise de nuit

睡袍

le pyjama

睡衣

le sari

莎麗

le foulard

頭巾

le turban

包頭巾

la burqa

波卡

le caftan

卡夫坦

l'abaya

(阿拉伯式)長袍

le maillot de bain

泳衣

le maillot de bain

男式泳褲

le short

短褲

la tenue d'entraînement

運動服

le tablier

圍裙

les gants

手套

les vêtements - 衣服

le bouton

鈕扣

les lunettes

眼鏡

le bracelet

手鏈

le collier

項鍊

la bague

戒指

la boucle d'oreille

耳環

le bonnet

便帽

le cintre

衣架

le chapeau

帽子

la cravate

領帶

la fermeture éclair

拉鍊

le casque

安全帽

les bretelles

背帶

l'uniforme scolaire

校服

l'uniforme

制服

le bavoir

圍兜

la sucette

安撫奶嘴

la lange

尿布

le bureau

辦公室

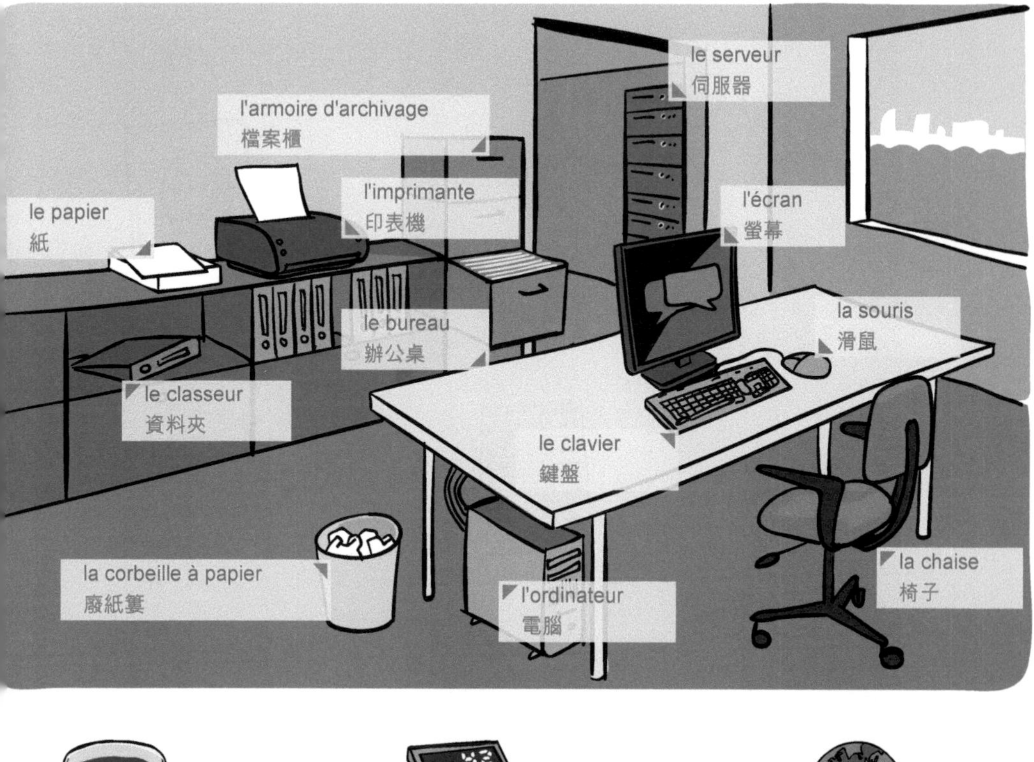

l'armoire d'archivage
檔案櫃

le serveur
伺服器

l'imprimante
印表機

le papier
紙

l'écran
螢幕

le bureau
辦公桌

la souris
滑鼠

le classeur
資料夾

le clavier
鍵盤

la corbeille à papier
廢紙簍

la chaise
椅子

l'ordinateur
電腦

la tasse de café

咖啡杯

la calculatrice

計算機

l'internet

網際網路

l'ordinateur portable

筆記型電腦

la lettre

信件

le message

簡訊

le portable

行動電話

le réseau

網路

la photocopieuse

影印機

le logiciel

軟體

le téléphone

電話

la prise

插座

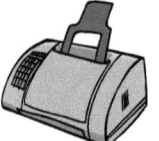

le fax

傳真機

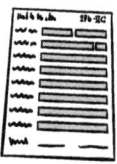

le formulaire

表格

le document

檔案

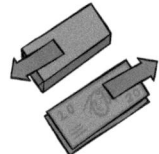

acheter

買

payer

付錢

faire du commerce

交易

la monnaie

現金

le dollar

美元

l'euro

歐元

le yen

日元

le rouble

盧布

le franc suisse

瑞士法郎

le renminbi yuan

人民幣

la roupie

盧比

le distributeur automatique

提款處

le bureau de change

外幣兌換處

l'or

金

l'argent

銀

le pétrole

石油

l'énergie

能源

le prix

價格

le contrat

合約

la taxe

稅金

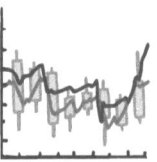

l'action

股票

travailler

工作

l'employé

職員

l'employeur

老闆

l'usine

工廠

le magasin

商店

les professions
職業

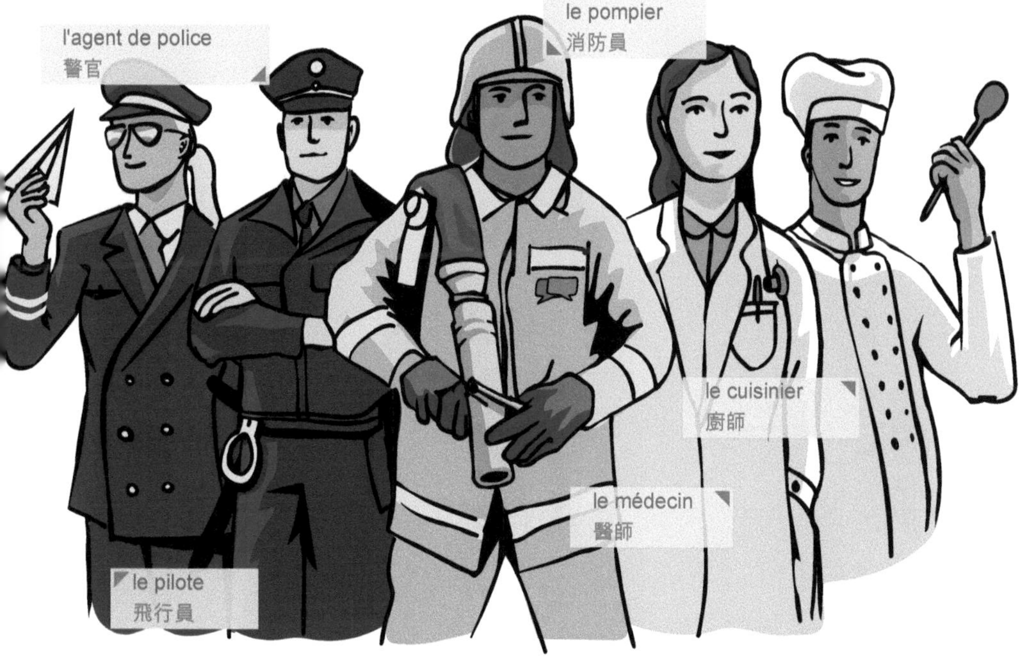
l'agent de police
警官
le pompier
消防員
le cuisinier
廚師
le médecin
醫師
le pilote
飛行員

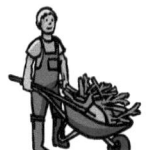

le jardinier

園丁

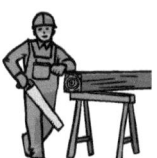

le menuisier

木匠

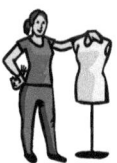

la couturière

裁縫

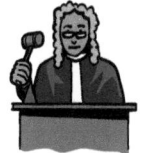

le juge

法官

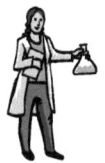

le chimiste

化學家

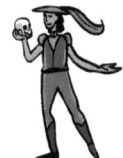

l'acteur

演員

le conducteur de bus

公車司機

le chauffeur de taxi

計程車司機

le pêcheur

漁夫

la femme de ménage

清洗女工

le couvreur

屋頂工

le serveur

服務生

le chasseur

獵人

le peintre

畫家

le boulanger

麵包師

l'électricien

電工

l'ouvrier

建築工人

l'ingénieur

工程師

le boucher

屠夫

le plombier

水管工

le facteur

郵差

le soldat

士兵

l'architecte

建築師

le caissier

收銀員

le fleuriste

花農

le coiffeur

理髮師

le contrôleur

售票員

le mécanicien

機械技師

le capitaine

船長

le dentiste

牙醫

le scientifique

科學家

le rabbin

拉比

l'imam

伊瑪目

le moine

和尚

le prêtre

牧師

les outils

工具

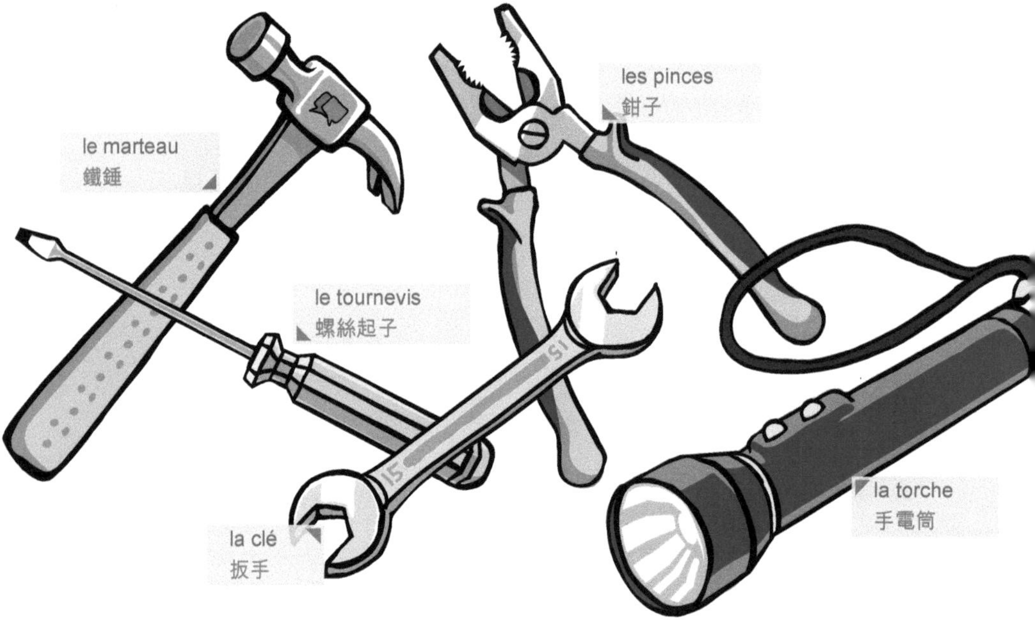
le marteau
鐵錘
les pinces
鉗子
le tournevis
螺絲起子
la clé
扳手
la torche
手電筒

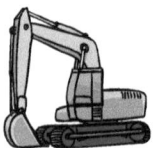

la pelleteuse
挖掘機

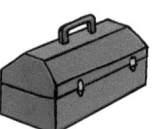

la boîte à outils
工具箱

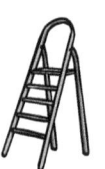

l'échelle
梯子

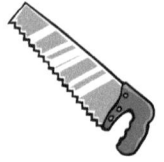

la scie
鋸子

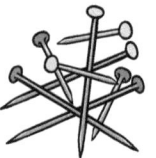

les clous
釘子

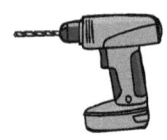

la perceuse
鑽機

réparer

修

la pelle

鏟子

Mince !

糟糕！

la pelle

畚箕

le pot de peinture

油漆桶

les vis

螺絲

les instruments de musique

樂器

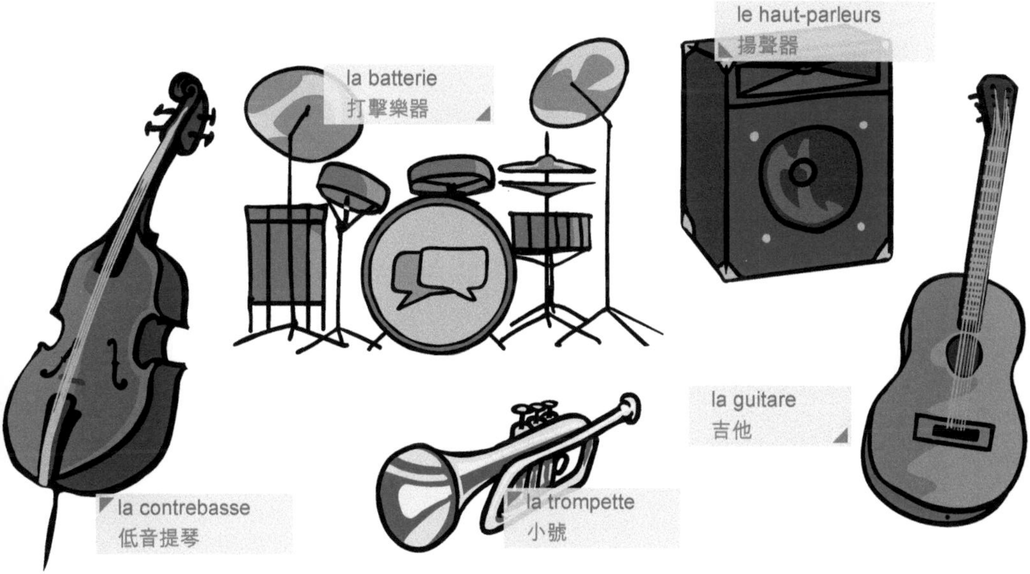

le haut-parleurs
揚聲器

la batterie
打擊樂器

la guitare
吉他

la contrebasse
低音提琴

la trompette
小號

le piano

鋼琴

le violon

小提琴

la basse

貝斯

les timbales

定音鼓

le tambour

鼓

le piano électrique

電子琴

le saxophone

薩克斯風

la flûte

長笛

le microphone

麥克風

le zoo
動物園

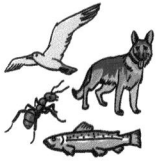

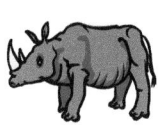

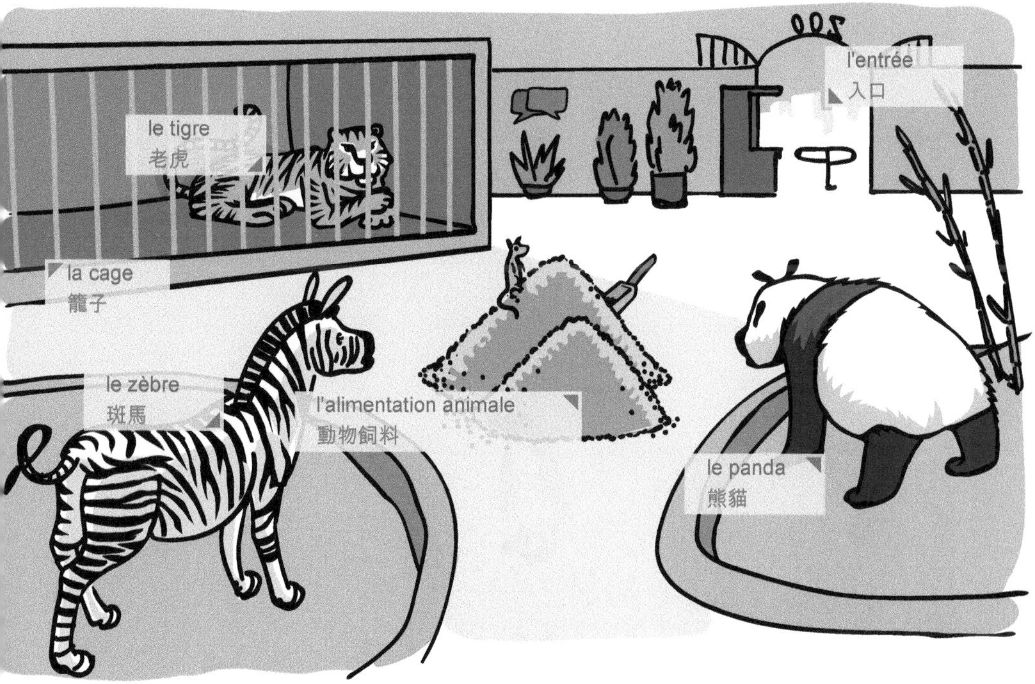
l'entrée
入口
le tigre
老虎
la cage
籠子
le zèbre
斑馬
l'alimentation animale
動物飼料
le panda
熊貓

les animaux
動物

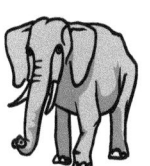

l'éléphant
大象

le kangourou
袋鼠

le rhinocéros
犀牛

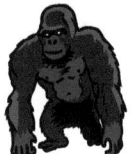

le gorille
大猩猩

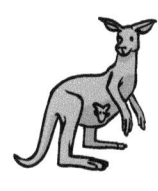

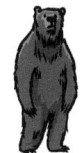

l'ours
熊

le chameau

駱駝

l'autruche

鴕鳥

le lion

獅子

le singe

猴子

le flamand rose

紅鶴

le perroquet

鸚鵡

l'ours polaire

北極熊

le pingouin

企鵝

le requin

鯊魚

le paon

孔雀

le serpent

蛇

le crocodile

鱷魚

le gardien de zoo

動物園管理員

le phoque

海豹

le jaguar

美洲豹

le poney

矮種馬

le léopard

豹

l'hippopotame

河馬

la girafe

長頸鹿

l'aigle

老鷹

le sanglier

野豬

le poisson

魚

la tortue

龜

le morse

海象

le renard

狐狸

la gazelle

羚羊

l'american Football
橄欖球

le cyclisme
騎腳踏車

le tennis
網球

le basket-ball
籃球

la natation
游泳

la boxe
拳擊

le hockey sur glace
冰球

le football
美式足球

le badminton
羽毛球

l'athlétisme
田徑

le handball
手球

le ski
滑雪

le polo
馬球

sauter
跳

rire
笑

embrasser
擁抱

marcher
走路

chanter
唱

rêver
做夢

prier
祈禱

faire la bise
親吻

écrire
書寫

dessiner
畫

montrer
展示

pousser
推

donner
給

prendre
拿

avoir
有

faire
做

être
當

être debout
站

courir
跑

trier
拉

jeter
丟

tomber
摔倒

être couché
躺

attendre
等待

porter
攜帶

être assis
坐

s'habiller
穿衣

dormir
睡覺

se réveiller
醒來

regarder

看

pleurer

哭

caresser

撃

peigner

梳頭

parler

交談

comprendre

明白

demander

問

écouter

聽

boire

喝

manger

吃

ranger

清理

aimer

愛

cuire

做飯

conduire

開車

voler

飛

faire de la voile

航行

calculer

計算

lire

讀

apprendre

學習

travailler

工作

se marier

結婚

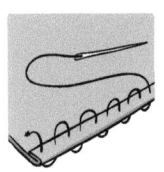

coudre

縫

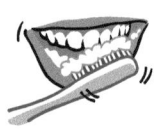

brosser les dents

刷牙

tuer

殺

fumer

抽菸

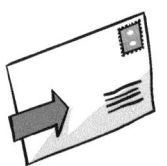

envoyer

寄

la grand-mère
祖母

le grand-père
祖父

le père
父親

la mère
母親

le bébé
嬰兒

la fille
女兒

le fils
兒子

l'hôte

客人

la tante

阿姨

l'oncle

叔叔

le frère

兄弟

la sœur

姐妹

le corps
身體

le front
前額
l'œil
眼睛
l'épaule
肩膀
le doigt
手指
le visage
臉
le menton
下巴
la main
手
la jambe
腿
la poitrine
乳房
le bras
手臂

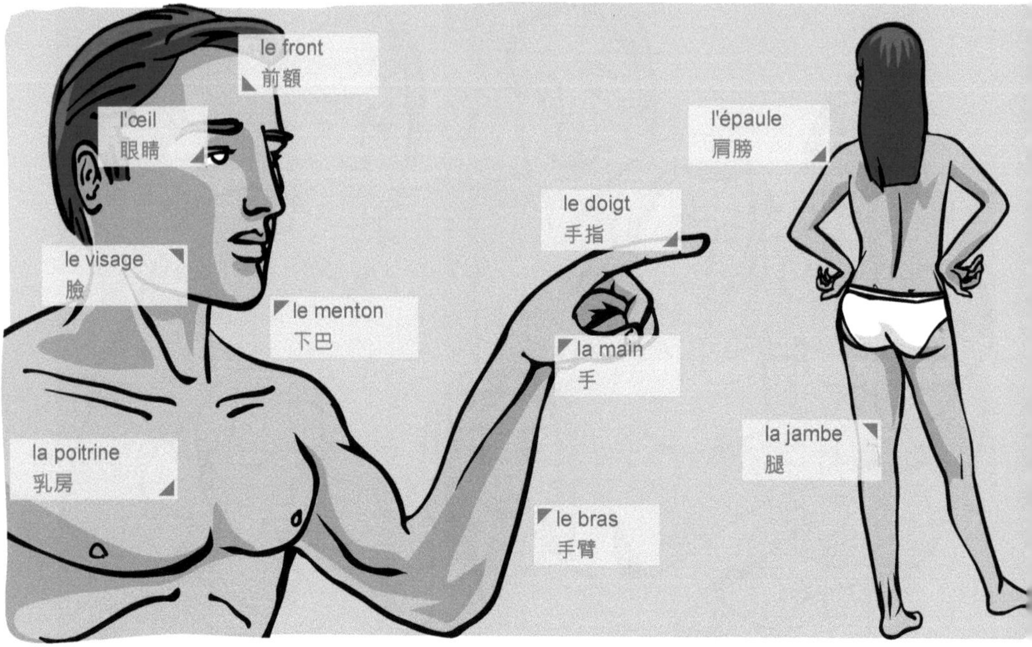

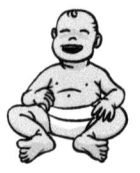

le bébé
嬰兒

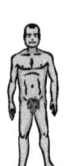

l'homme
男人

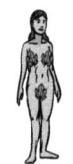

la femme
女人

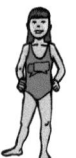

la fille
女孩

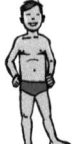

le garçon
男孩

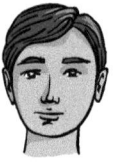

la tête
頭

le dos

背部

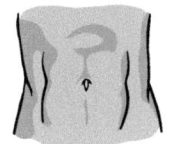

le ventre

肚子

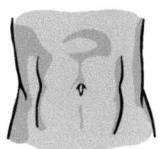

le nombril

肚臍

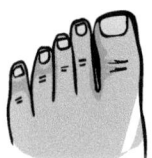

l'orteil

腳趾

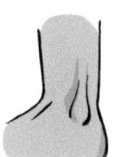

le talon

腳後跟

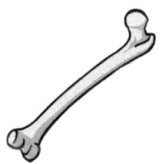

l'os

骨頭

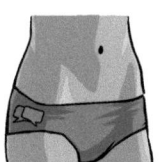

la hanche

臀部

le genou

膝蓋

le coude

手肘

le nez

鼻子

les fesses

屁股

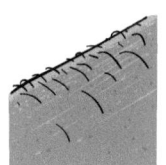

la peau

皮膚

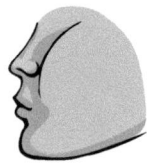

la joue

臉頰

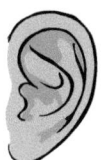

l'oreille

耳朵

la lèvre

嘴唇

le corps - 身體

la bouche

嘴

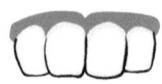

la dent

牙齒

la langue

舌頭

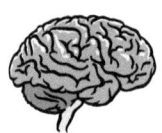

le cerveau

腦

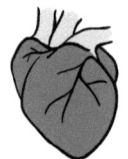

le cœur

心臟

le muscle

肌肉

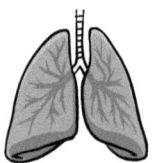

les poumons

肺

le foie

肝臟

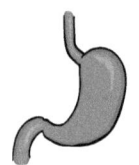

l'estomac

胃

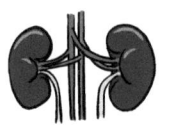

les reins

腎臟

le rapport sexuel

性交

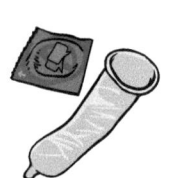

le préservatif

保險套

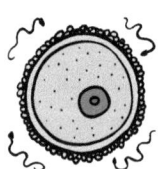

l'ovule

卵子

le sperme

精子

la grossesse

懷孕

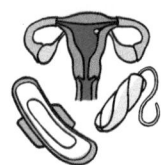

la menstruation

月事

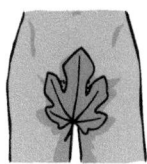

le vagin

陰道

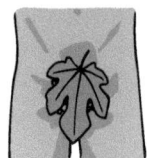

le pénis

陰莖

le sourcil

眉毛

les cheveux

頭髮

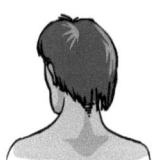

le cou

脖子

le corps - 身體

l'hôpital
醫院

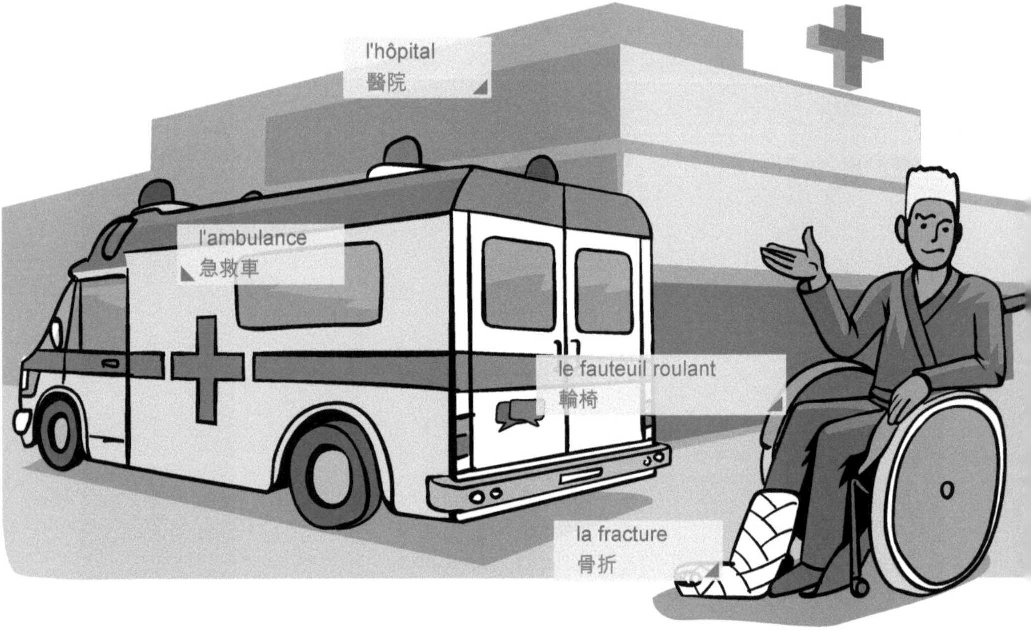

l'hôpital
醫院
l'ambulance
急救車
le fauteuil roulant
輪椅
la fracture
骨折

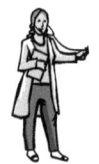

le médecin

醫師

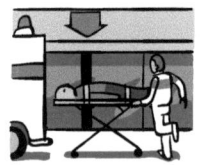

le service des urgences

急診室

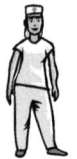

l'infirmière

護理師

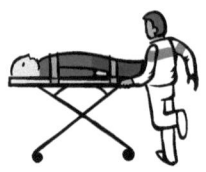

l'urgence

緊急情形

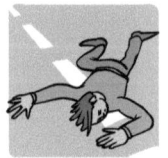

inconscient

昏迷

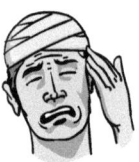

la douleur

痛

la blessure

受傷

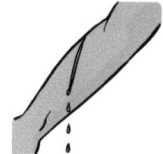

l'hémorragie

出血

la crise cardiaque

心臟病發作

l'attaque cérébrale

中風

l'allergie

過敏

la toux

咳嗽

la fièvre

發燒

la grippe

流感

la diarrhée

腹瀉

le mal de tête

頭痛

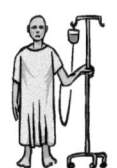

le cancer

癌症

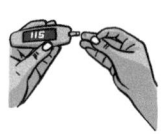

le diabète

糖尿病

le chirurgien

外科醫師

le scalpel

手術刀

l'opération

手術

le CT

電腦斷層掃描

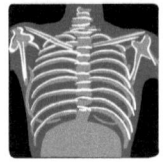

la radiographie

X光

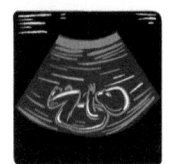

l'échographie

超音波

le masque

口罩

la maladie

疾病

la salle d'attente

候診室

la béquille

拐杖

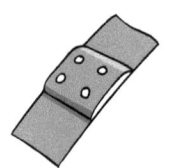

le pansement

石膏

le pansement

繃帶

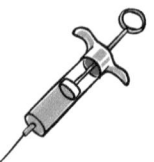

l'injection

注射

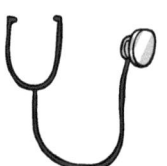

le stéthoscope

聽診器

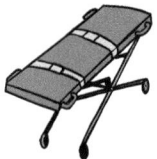

le brancard

擔架

le thermomètre

體溫計

l'accouchement

出生

la surcharge pondérale

超重

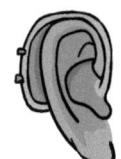

l'appareil auditif

助聽器

le désinfectant

消毒液

l'infection

感染

le virus

病毒

le VIH / le sida

愛滋病

le médicament

藥物

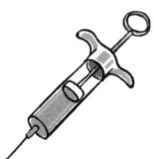

la vaccination

接種疫苗

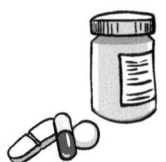

les comprimés

藥片

la pilule

藥丸

l'appel d'urgence

急救電話

le tensiomètre

血壓計

malade / sain

生病/健康

Au secours !

救命！

l'alarme

警報

l'assaut

突擊

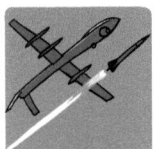

l'attaque

攻擊

le danger

危險

la sortie de secours

緊急出口

Au feu!

失火了！

l'extincteur

滅火器

l'accident

意外

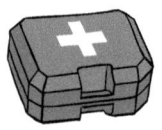

la trousse de premier secours

急救箱

SOS

呼救訊號

la police

員警

l'Europe

歐洲

l'Amérique du Nord

北美洲

l'Amérique du Sud

南美洲

l'Afrique

非洲

l'Asie

亞洲

l'Australie

澳洲

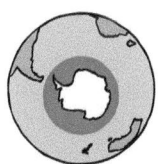

l'Océan atlantique

大西洋

l'Océan pacifique

太平洋

l'Océan indien

印度洋

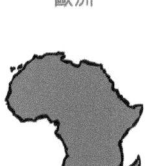

l'Océan antarctique

南冰洋

l'Océan arctique

北冰洋

le Pôle nord

北極

le Pôle sud

南極

l'Antarctique

南極洲

la terre

地球

le pays

陸地

la mer

海

l'île

島

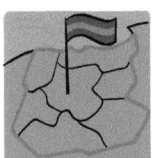

la nation

國家

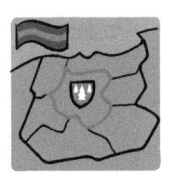

l'état

州

le cadran

錶盤

l'aiguille des heures

時針

l'aiguille des minutes

分針

l'aiguille des secondes

秒針

Quelle heure est-il ?

現在幾點？

le jour

天

le temps

時間

maintenant

現在

la montre digitale

電子錶

la minute

分

l'heure

時

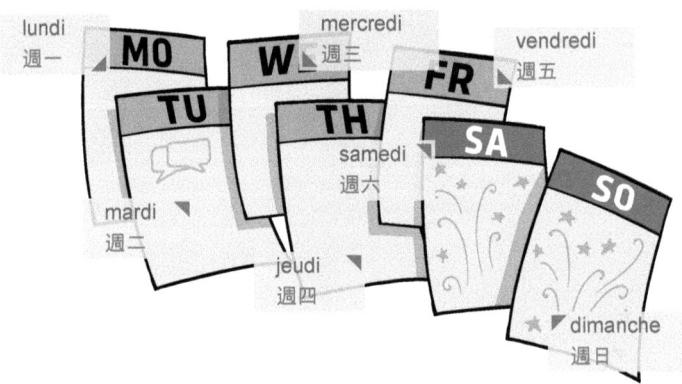

lundi 週一 | mardi 週二 | mercredi 週三 | jeudi 週四 | vendredi 週五 | samedi 週六 | dimanche 週日

hier

昨天

aujourd'hui

今天

demain

明天

le matin

早晨

le midi

中午

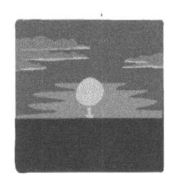

le soir

晚上

les jours ouvrables

工作日

le week-end

週末

l'année
年

la pluie
雨
l'arc-en-ciel
彩虹
la neige
雪
le vent
風
le printemps
春
l'automne
秋
l'été
夏
l'hiver
冬

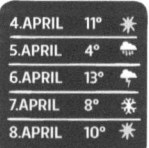

4.APRIL 11°
5.APRIL 4°
6.APRIL 13°
7.APRIL 8°
8.APRIL 10°

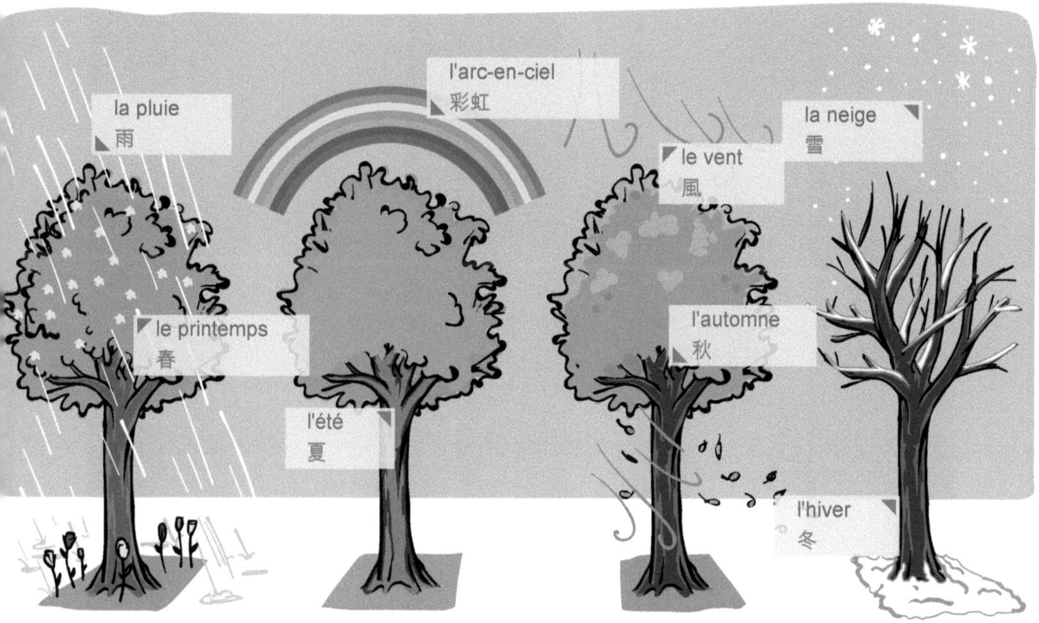

la météo
天氣預告

F C
120 40
90 30
60 20
30 10
0 0
-30 -10
-20

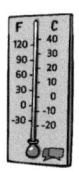

le thermomètre
溫度計

la lumière du soleil
陽光

le nuage
雲

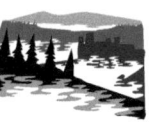

le brouillard
霧

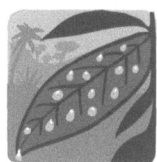

l'humidité
潮濕

la foudre

閃電

la tonnerre

打雷

la tempête

風暴

la grêle

冰雹

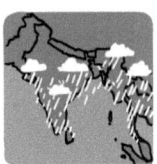

la mousson

季風

l'inondation

洪水

la glace

冰

janvier

一月

février

二月

mars

三月

avril

四月

mai

五月

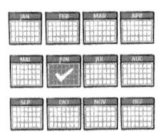

juin

六月

juillet

七月

août

八月

l'année - 年

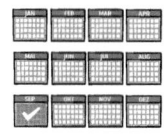

septembre

九月

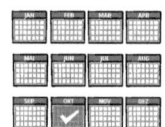

octobre

十月

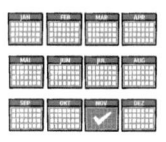

novembre

十一月

décembre

十二月

les formes

形狀

le cercle

圓形

le carré

正方形

le rectangle

長方形

le triangle

三角形

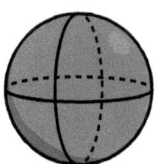

la sphère

球體

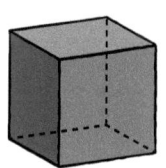

le cube

立方體

blanc

白

jaune

黃

orange

橙

rose

粉

rouge

紅

violet

紫

bleu

藍

vert

綠

marron

棕

gris

灰

noir

黑

beaucoup / peu

很多/少許

fâché / calme

生氣/平靜

joli / laid

美/醜

le début / la fin

首/尾

grand / petit

大/小

clair / obscure

明/暗

frère / soeur

兄弟/姐妹

propre / sale

乾淨/骯髒

complet / incomplet

完整/缺失

le jour / la nuit

白天/晚上

mort / vivant

死/生

large / étroit

寬/窄

comestible / incomestible

可食用/非食用

méchant / gentil

邪惡/善良

excité / ennuyé

興奮/無聊

gros / mince

胖/瘦

le premier / le dernier

第一/最後

l'ami / l'ennemi

朋友/敵人

plein / vide

滿/空

dur / souple

硬/軟

lourd / léger

重/輕

faim / soif

餓/渴

malade / sain

生病/健康

illégal / légal

非法/合法

intelligent / stupide

聰明/愚笨

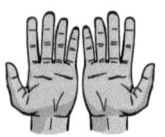

gauche / droite

左/右

proche / loin

近/遠

nouveau / usé

新/舊

rien / quelque chose

沒有/有些

vieux / jeune

老/幼

marche / arrêt

開/關

ouvert / fermé

打開/闔上

faible / fort

安靜/吵鬧

riche / pauvre

富/窮

correct / incorrect

對/錯

rugueux / lisse

粗糙/光滑

triste / heureux

傷心/高興

court / long

短/長

lent / rapide

慢/快

mouillé / sec

濕/乾

chaud / froid

溫暖/涼爽

la guerre / la paix

戰爭/和平

0

zéro

零

1

un / une

一

2

deux

二

3

trois

三

4

quatre

四

5

cinq

五

6

six

六

7

sept

七

8

huit

八

9

neuf

九

10

dix

十

11

onze

十一

12

douze

十二

13

treize

十三

14

quatorze

十四

15

quinze

十五

16

seize

十六

17

dix-sept

十七

18

dix-huit

十八

19

dix-neuf

十九

20

vingt

二十

100

cent

百

1.000

mille

千

1.000.000

le million

百萬

les langues

語言

l'anglais

英語

l'anglais américain

美式英語

le chinois mandarin

普通話

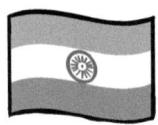

le hindi

印地語

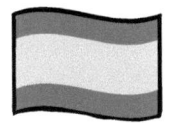

l'espagnol

西班牙語

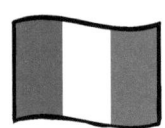

le français

法語

l'arabe

阿拉伯語

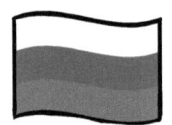

le russe

俄語

le portugais

葡萄牙語

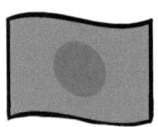

le bengali

孟加拉語

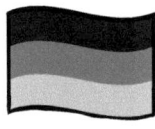

l'allemand

德語

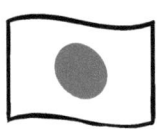

le japonais

日語

je

我

tu

你

il / elle / ce, c', cela

他/她/它

nous

我們

vous

你們

ils / elles

他們

Qui ?

誰？

Quoi ?

什麼？

Comment ?

如何？

Où ?

何處？

Quand ?

何時？

le nom

名字

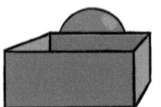

derrière

後面

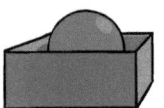

dans

裡面

devant

前面

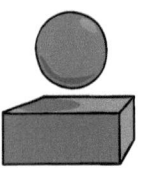

au-dessus

上方

sur

上面

en-dessous

下麵

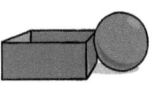

à côté de

旁邊

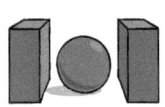

entre

中間

le lieu

地點